Inhalt

Frauen in Führungspositionen - schlechter bezahlt und selten zu finden

Kernthesen

Beitrag

Fallbeispiele

Weiterführende Literatur

Impressum

GENIOS WirtschaftsWissen Nr. 11/2008 vom 10.11.2008

Frauen in Führungspositionen - schlechter bezahlt und selten zu finden

R.Reuter

Kernthesen

- Frauen erhalten für gleiche Leistung weniger Geld als Männer und in den Führungsebenen sucht man sie oft vergebens.
- Über die Gründe wird gestritten: Oft verhindert Teilzeitarbeit den Aufstieg, andere sehen die von Männern geschaffenen Strukturen als Hauptursache.
- Forschungen aus den USA setzen einen völlig anderen Schwerpunkt und rühren

damit an den Fundamenten der Gleichstellung: Sie führen die Situation der Frauen auf unterschiedliche Denkstile zurück.

Beitrag

Der Aufstieg in Führungspositionen ist für Frauen deutlich schwerer als für Männer. Immer mehr Firmen wollen dem entgegenwirken und setzen bewusst auf eine Stärkung des Frauenanteils.

Zahlenmäßig unterlegen

Nach wie vor haben es Frauen schwerer als Männer, in Führungspositionen zu gelangen. Nur 33 Prozent der Stellen in leitender Funktion sind in diesem Jahr mit Frauen besetzt worden. Im Bankwesen beträgt der Anteil weiblicher Führungskräfte sogar nur 13 Prozent. Auch in der Politik haben Männer ein Übergewicht: 69 Prozent der Parlamentarier sind männlich.

An der Bildung liegt das nicht. Mädchen haben im Schnitt bessere Noten als Jungs und entscheiden sich häufiger für ein Hochschulstudium. 44 Prozent der jungen Frauen schlagen den akademischen Weg, ein bei den Männern sind 36 Prozent. Auch bei der Zahl der Abschlussprüfungen haben Frauen die Nase vorn. (1)

Große Unterschiede bei den Gehältern

Gravierend ist der Unterschied bei den Einkommen. Frauen in jungen und mittleren Jahren (30 bis 44) müssen sich mit gerade mal 56 Prozent des durchschnittlichen Männereinkommens zufrieden geben. Auch Akademikerinnen erhalten nicht die gleiche Entlohnung wie ihre männlichen Kollegen. Sie erhalten durchschnittlich 68 Prozent der Männergehälter. Hilfsarbeiterinnen kommen auf 59 Prozent. (1)

Auch als Chefin niedriger bezahlt

Zu ähnlichen Ergebnissen kommt die Beratungsfirma Kienbaum, die unter 900 Unternehmen eine Befragung durchgeführt hat. Demnach verdienen weibliche Firmenchefs rund 20 Prozent weniger als Männer. Zudem ergab die Studie, dass nur fünf Prozent der Geschäftsführerposten und zehn Prozent der leitenden Stellen von Frauen besetzt sind. Am höchsten ist der Anteil weiblicher Führungskräfte in Personalabteilungen: Dort sind rund ein Drittel der Chefs Frauen. In der Werbung und in der Öffentlichkeitsarbeit liegt der Anteil weiblicher Vorgesetzter bei 22, im Rechnungswesen bei 16 Prozent. (4)

Weniger Chancen

Frauen machen häufig die Erfahrung, dass sie ohne einen männlichen Fürsprecher im Unternehmen nicht nach oben kommen. Aus eigener Kraft, so der Eindruck, ist ein Aufstieg oft nicht möglich. Auch werde deutlich, dass es häufig an erfolgreichen Frauen fehle, die als Vorbilder dienen könnten. Ein allerdings hausgemachtes Problem sei die zwischen Frauen herrschende Konkurrenz. Sie sorge dafür, dass sich weibliche Arbeitskräfte nicht gegenseitig stützten, sondern auszustechen versuchten. (6)

Teilzeitarbeit verhindert Karriere

Die eingeschränkten Karrierechancen von Frauen sind nicht zuletzt in den unterschiedlichen

Erwerbsbiographien begründet. Männer arbeiten Vollzeit und machen Überstunden, während Frauen ihren Beruf stärker mit familiären Erfordernissen kombinieren und darum häufig in Teilzeit arbeiten. Hiermit verzichten die Frauen zugunsten der Familie auf eine berufliche Karriere, und die Spitzeneinkommen fließen an die Männer. Das geringere Einkommen der Frauen gegenüber den männlichen Kollegen geht daher, neben dem niedrigeren Stundenlohn, auch auf die kürzere Arbeitszeit zurück. (1), (2)

Im Ausland soll man weiter sein

In anderen Ländern fällt es Frauenberichten zufolge leichter, in Spitzenpositionen vorzudringen. Selbst in Ländern wie Ägypten, die nicht gerade für ihre jahrzehntelange Gleichstellungspolitik bekannt sind, haben es Frauen wie die Telekom-Managerin Sanaa Soliman schon weiter gebracht als die meisten ihrer Geschlechtsgenossinnen hierzulande. Auch in den ausländischen Tochtergesellschaften deutscher Unternehmen sollen Frauen häufiger auf Vorstandsebenen zu finden sein als in Deutschland. (2)

Zu wenig Eigenwerbung

Ein immer wieder angeführter Grund für das Fehlen der Frauen auf Führungsebenen ist der, dass sie seltener in Netzwerken verankert sind. Immer öfter werden daher Frauennetzwerke gebildet, die nach Meinung von Praktikerinnen aber die Gefahr bergen, sich von den Männern zu isolieren. Defizite werden Frauen zudem beim Eigenmarketing zugeschrieben. Weibliche Arbeitskräfte gelten als besonders ehrlich und direkt, vergessen es dabei aber, Werbung in eigener Sache zu machen. (2), (3)

Verschiedene Naturen

Neueste Forschungsergebnisse lenken den Fokus auf das unterschiedliche Naturell von Frauen und Männern. Ein Expertenteam in den USA (in dem Frauen übrigens in der Mehrheit sind) führt die Unterschiede zwischen Mann und Frau auf das Gehirn zurück. Die Forschungsergebnisse belegen, dass Frauen andere Talente haben als Männer: Diese neigen stärker zum Konkurrenzdenken und zum Risiko, während Frauen zwar mehr Einfühlungsvermögen mitbringen, gleichzeitig aber auch weniger ehrgeizig im Wettbewerb sind. (5)

Nicht nur die Gesellschaft formt den Menschen

Die Ergebnisse der Hirnforschung widersprechen der gängigen Ansicht, dass die Benachteiligung von Frauen in erster Linie eine Folge unserer von Männern dominierten Arbeitswelt sei. Die Forscher weisen darauf hin, dass der Mensch nicht nur von der Gesellschaft und der Umwelt geformt werde, sondern viele Dinge aus sich selbst mitbringe. Man müsse verstehen, wie weibliche Hormone das Verhalten von Frauen beeinflussen, um die Arbeitswelt besser auf ihre Bedürfnisse auszurichten, so das Expertenteam. Nicht die Gesellschaft, sondern die Biologie müsse der Ausgangspunkt sein, um den Unterschieden der Geschlechter auf die Spur zu kommen. (5)

Unterschiedliche Denkstile

Die Ergebnisse aus den USA rühren an den Grundfesten der Frauenbewegung, können aber andererseits dafür sorgen, die Arbeitswelt besser auf die Bedürfnisse der Frauen abzustimmen. Dies scheint auch erforderlich, will man nicht weiterhin auf fast 50 Prozent des geistigen Potenzials verzichten.

Die Forscher plädieren dafür, das unterschiedliche Denken von Männern und Frauen zu akzeptieren und es für die Arbeitswelt nutzbar zu machen. Der englische Psychologe Baron-Cohen sieht gute Chancen, die unterschiedlichen Denkstile besser einzusetzen: Männer denken in Systemen, Frauen erfassen die Welt mit Hilfe der Empathie. (5)

Fallbeispiele

Unterrepräsentiert in Mathematik, Naturwissenschaften und Technik

Trotz Fachkräftemangels etwa im Maschinenbau sind Frauen in mathematisch-naturwissenschaftlichen Fakultäten weiterhin stark in der Minderheit. So verzeichnen die Studiengänge Bauingenieurswesen, Physik und Elektrotechnik an der TU Berlin bei weiblichen Erstsemestern nur geringe Steigerungen. Der Maschinenbau hat daher eine Initiative gestartet, die bei jungen Frauen mehr Interesse für technische Berufe wecken soll. (6)

Beraterbranche sucht Frauen

Die Beraterbranche war lange Zeit eine Männerdomäne, öffnet sich aber zunehmend für weibliche Mitarbeiter. 2007 lag der Anteil der Frauen bei 18 Prozent, was zwar nicht viel ist, gegenüber 2000 jedoch eine beträchtliche Steigerung darstellt. Bis 2010 wollen die Firmen den Frauenanteil auf 20 Prozent anheben. (8)

Mehr Frauen bei Daimler-Benz

Auch Daimler-Benz entdeckt die Frauen für sich. Der Konzern strebt an, ihren Anteil im Management deutlich zu erhöhen. Der Vorstandschef Dieter Zetsche hat daher das Ziel 20/20 ausgegeben: Bis zum Jahr 2020 sollen 20 Prozent der Führungspositionen weiblich besetzt sein. (9)

Quote für Aufsichtsräte

Die in diesen Tagen gescheiterte rot-grüne Koalition

in Hessen hatte vor, eine höhere Frauenquote in Aufsichtsräten gesetzlich festzuschreiben. Der Haken an der Sache war, dass die Regeln für Aufsichtsräte gar nicht in den Kompetenzbereich des Landes fallen. Die geplante Quote sollte bei 40 Prozent liegen. (10)

Weiterführende Literatur

(1) Der Blick der Ökonomin
aus "Der Standard" vom 18.10.2008 Seite: K1

(2) Allein unter Männern
aus Frankfurter Allgemeine Zeitung, 20.09.2008, Nr. 221, S. 11

(3) Höhler, Gertrud, Alphafrauen: Die große Männerverunsicherung, Welt am Sonntag, 31.08.2008, Nr. 35, S. 13
aus Frankfurter Allgemeine Zeitung, 20.09.2008, Nr. 221, S. 11

(4) Chefinnen verdienen viel weniger als Chefs
aus netzeitung.de vom 29.09.2008

(5) Die Natur der Macht
aus Der Spiegel, 22.09.2008, Nr. 39, Seite 52

(6) Gesucht: Starke Frauen mit Köpfchen Nur wenige Berlinerinnen arbeiten in technischen Berufen - Dabei sind die Chancen, dort einen Arbeitsplatz zu finden, so hoch wie nie

aus DIE WELT, 20.09.2008, Nr. 222, S. 38

(7) Krippe gegen den Karriereknick
aus netzeitung.de vom 08.09.2008

(8) Kinder, Küche, McKinsey Beratungen locken gezielt Frauen in die von Männern dominierte Branche - etwa mit familienfreundlichen Teilzeitmodellen
aus Financial Times Deutschland vom 16.10.2008, Seite 4SA04

(9) Daimler sucht Spitzenfrauen
aus Süddeutsche Zeitung, 20.10.2008, Ausgabe Deutschland, Bayern, S. 18

(10) Frauen an die Spitze Rot-Grün will Quote für Aufsichtsräte
aus Frankfurter Rundschau v. 22.10.2008, S.23, Ausgabe: S Stadt

Impressum

Frauen in Führungspositionen - schlechter bezahlt und selten zu finden

Bibliografische Information der deutschen Nationalbibliothek

Die Deutsche Nationalbibliothek verzeichnet diese Publikation in der deutschen Nationalbibliografie; detaillierte bibliografische Daten sind im Internet über http://dnb.d-nb.de abrufbar.

ISBN: 978-3-7379-0933-4

© 2015 GBI-Genios Deutsche Wirtschaftsdatenbank GmbH, Freischützstraße 96, 81927 München, www.genios.de

Alle Rechte vorbehalten. Dieses Werk ist einschließlich aller seiner Teile – z.B. Texte, Tabellen und Grafiken - urheberrechtlich geschützt. Jede Verwertung außerhalb der Grenzen des Urheberrechtsgesetzes bedarf der vorherigen Zustimmung des Verlags. Dies gilt insbesondere auch für auszugsweise Nachdrucke, fotomechanische

Vervielfältigungen (Fotokopie/Mikroskopie), Übersetzungen, Auswertungen durch Datenbanken oder ähnliche Einrichtungen und die Einspeicherung und Verarbeitung in elektronischen Systemen.